BELONGS TO

_____

_____

Title:

Title:

Title:

Title:

Title:

Title:

Title:

Title:

Title:

Title:

Title:

Title:

Title:

Title:

Title:

Title:

Title:

Title:

Title:

Title:

Title:

Title:

Title:

Title:

Title:

Title:

Title:

Title:

Title:

Title:

Title:

Title:

Title:

Title:

Title:

Title:

Title:

Title:

Title:

Title:

Title:

Title:

Title:

Title:

Title:

Title:

Title:

Title:

Title:

Title:

Title:

Title:

Title:

Title:

Title:

Title:

Title:

Title:

Title:

Title:

Title:

Title:

Title:

Title:

Title:

Title:

Title:

Title:

Title:

Title:

Title:

Title:

Title:

Title:

Title:

Title:

Title:

Title:

Title:

Title:

Title:

Title:

Title:

Title:

Title:

Title:

Title:

Title:

Title:

Title:

Title:

Title:

Title:

Title:

Title:

Title:

Title:

Title:

Title:

Title:

Title:

Title:

Title:

Title:

Title:

Title:

Title:

Title:

Title:

Title:

Title:

Title:

Title:

Title:

Title:

Title:

Title:

Title:

Made in the USA
Monee, IL
17 December 2024

74014214R00070